CONOCE TU GOBIERNO

JUEZ

Por Jacqueline Laks Gorman
Consultora de lectura: Susan Nations, M. Ed.,
autora/tutora de lectoescritura/consultora

WEEKLY READER®

PUBLISHING

Please visit our web site at www.garethstevens.com
For a free color catalog describing our list of high-quality books,
call 1-800-542-2595 (USA) or 1-800-387-3178 (Canada). Our fax: 1-877-542-2596

Library of Congress Cataloging-in-Publication Data
Laks Gorman, Jacqueline.
[Judge. Spanish]
p. cm. — (Conoce tu gobierno)
Includes bibliographical references and index.
ISBN-10: 1-4339-0099-8   ISBN-13: 978-1-4339-0099-0 (lib. bdg.)
ISBN-10: 1-4339-0127-7   ISBN-13: 978-1-4339-0127-0 (softcover)
1. Judges—United States—Juvenile literature. I. Acosta, Tatiana. II. Gutiérrez, Guillermo. III. Title.
KF8775.L3518   2008
347.73'14—dc22
2008040254

This edition first published in 2009 by
Weekly Reader® Books
An Imprint of Gareth Stevens Publishing
1 Reader's Digest Road
Pleasantville, NY 10570-7000 USA

Copyright © 2009 by Gareth Stevens, Inc.

Executive Managing Editor: Lisa M. Herrington
Editors: Brian Fitzgerald and Barbara Kiely Miller
Creative Director: Lisa Donovan
Senior Designer: Keith Plechaty
Photo Researchers: Charlene Pinckney and Diane Laska-Swanke
Spanish Translation: Tatiana Acosta and Guillermo Gutiérrez
Publisher: Keith Garton

Photo credits: cover & title page © Brooks Kraft/Corbis; p. 5 © Jeff Cadge/Getty Images; p. 6 © David Frazier/
Getty Images; p. 7 Photograph by Steve Petteway, Collection of the Supreme Court of the United States;
p. 9 © David Young-Wolff/Getty Images; p. 10 © Bob Daemmrich/Photo Edit; p. 11 © Jay Freis/Getty Images;
p. 12 United States Department of Agriculture photo by Ken Hammond; p. 13 Photograph by Franz Jantzen,
Collection of the Supreme Court of the United States; p. 15 © Shealah Craighead/The White House;
p. 16 © Ed Clark/Time & Life Pictures/Getty Images; p. 17 © Tim Sloan/AFP/Getty Images; p. 18 Courtesy
Library of Congress; p. 19 Charles Sydney Hopkinson, Collection of the Supreme Court of the United States;
p. 20 © Hank Walker/Time & Life Pictures/Getty Images; p. 21 © Getty Images.

Printed in the United States of America

1 2 3 4 5 6 7 8 9 10 09 08

Cubierta: En 2006, John Roberts fue nombrado *chief justice*, o juez presidente del Tribunal Supremo.

CONTENIDO

Las palabras del glosario se imprimen en letra **negrita** la primera vez que aparecen en el texto.

CAPÍTULO 1

¿Quiénes son los jueces?

Los jueces están a cargo de los **tribunales**. Los tribunales son una parte importante de nuestro gobierno. Los tribunales interpretan, o explican, la ley. También deciden si la ley se ha incumplido. Los jueces se aseguran de que la gente recibe un trato justo en los tribunales.

Durante un juicio, los abogados hacen preguntas. Un juez (centro) escucha con atención todo lo que se dice.

En algunos tribunales se celebran **juicios**. En un juicio, el tribunal decide si una persona o una compañía ha incumplido la ley. Unos expertos en leyes, llamados abogados, presentan los hechos del caso. El juez se asegura de que el juicio se realiza de manera adecuada.

Los jueces trabajan en diferentes tipos de tribunales. Algunos tribunales se ocupan de los delitos. Los delitos son actos que incumplen la ley. Otros tribunales se ocupan de conflictos privados, que pueden ser entre personas o entre compañías.

En un tribunal ocurren muchas cosas. Un juez se encarga de mantener el orden.

Juez

El Tribunal Supremo se compone de nueve jueces o magistrados. John Roberts (sentado, en el centro) es el *chief justice*, o juez presidente.

Cada estado tiene su propio sistema de tribunales. Ciudades y pueblos también disponen de tribunales. El Tribunal Supremo es el principal tribunal de Estados Unidos. Lo forman un juez presidente y otros ocho jueces. Estas nueve personas reciben el nombre de **magistrados**.

CAPÍTULO 2

¿Qué hace un juez?

El juez o la jueza se sienta en un escritorio elevado, en la parte delantera de la sala del tribunal. Los jueces llevan una túnica negra. Cuando el juez entra en la sala, todas las personas se ponen de pie. El juez se asegura de que el juicio es justo.

En el tribunal, varias personas asisten al juez. Una toma el juramento a las personas que deben responder a las preguntas. Otra toma notas de todo lo que se dice. Todas las personas de la sala que se dirigen al juez le llaman "*Your Honor*" (Su Señoría).

Todas las personas que deben responder a las preguntas prestan juramento. Para ello, levantan la mano derecha y juran decir la verdad.

Durante un juicio, los abogados presentan el caso ante el jurado.

Durante un juicio, el juez también da instrucciones al **jurado**. El jurado es un pequeño grupo de personas que está presente en la sala. Estas personas escuchan con atención todos los hechos. El jurado decide si el **acusado** es inocente o culpable. El acusado es la persona que ha sido inculpada de hacer algo malo.

Los jueces deciden de qué hechos se puede hablar durante un juicio. A veces, se llama a expertos para que presenten información.

El jurado puede decidir que el acusado es culpable. Por lo general, el juez es quien, después, determina el castigo.

A veces, los jueces o los abogados cometen errores durante los juicios. Los jueces que trabajan en un tribunal de apelación pueden revisar, o volver a estudiar, el caso. Si se cometieron errores, ese juez podría ordenar que se celebrara un nuevo juicio.

El Tribunal Supremo se reúne en este edificio de Washington, D.C.

El Congreso es una parte del gobierno **federal**. El Congreso hace las leyes de Estados Unidos. El Tribunal Supremo interpreta esas leyes. Además, el Tribunal Supremo revisa las leyes que han sido aprobadas por los gobiernos estatales y se encarga de decidir si las leyes son justas.

Cada año, el Tribunal Supremo ve unos 80 casos. Los magistrados se reúnen para hablar sobre cada caso. Una vez que el Tribunal Supremo ha dado su resolución, la decisión es final. Todos los tribunales inferiores deben respetar esa decisión.

Los miembros del Tribunal Supremo debaten los casos en esta sala de reuniones. Nadie puede entrar en la sala mientras el Tribunal toma su decisión.

CAPÍTULO 3

¿Cómo llega alguien a ser juez?

Los jueces suelen ser abogados. Las personas que desean hacerse abogados deben ir a una escuela de leyes tras graduarse en la universidad. Después, deben aprobar unos exámenes especiales. Cada estado tiene diferentes reglas para que alguien pueda ser juez estatal.

Samuel Alito prestó juramento como magistrado del Tribunal Supremo en 2006.

Estados Unidos no tiene unas reglas especiales para que una persona se convierta en magistrado del Tribunal Supremo. El presidente elige a los magistrados del Tribunal Supremo y a otros jueces importantes. El **Senado** es una parte del Congreso. El Senado debe aprobar a las personas propuestas por el presidente.

Los magistrados del Tribunal Supremo permanecen en su cargo tanto tiempo como deseen. Algunos se retiran cuando se hacen mayores o enferman. Muchos ocupan el cargo hasta que mueren. Algunos magistrados han servido en el Tribunal Supremo durante muchos años.

¡William O. Douglas sirvió en el Tribunal Supremo durante 36 años! Ningún otro magistrado ha ocupado el cargo tanto tiempo.

Los estados también tienen tribunales de los condados y de las ciudades. Esos tribunales se aseguran del cumplimiento de la ley en las comunidades locales.

En la mayoría de los estados, los votantes eligen a los jueces estatales. En algunos estados, el **gobernador** o la **asamblea legislativa** del estado elige a los jueces. La asamblea legislativa es la parte del gobierno que hace las leyes. Algunos jueces sólo ocupan el cargo durante dos años. En algunos estados, los jueces principales pueden ocupar su cargo tanto tiempo como deseen.

CAPÍTULO 4

Jueces famosos

El Tribunal Supremo ha contado con muchos jueces famosos. Mucha gente considera que John Marshall fue el magistrado más importante de la historia. Marshall fue nombrado presidente del Tribunal en 1801. Continuó en el cargo hasta 1835, y contribuyó a que el Tribunal Supremo tuviera una gran importancia.

John Marshall

Oliver Wendell Holmes es otro magistrado muy conocido. Entró en el Tribunal en 1902, y sirvió hasta 1932, ¡cuando tenía 90 años de edad! Con frecuencia, sus ideas eran diferentes de las de otros magistrados. Holmes pensaba que la ley debe ir cambiando con el paso del tiempo.

Oliver Wendell Holmes ha sido el magistrado de mayor edad del Tribunal Supremo.

Thurgood Marshall era un importante abogado que luchó en defensa de los **derechos civiles**. Fue nombrado magistrado del Tribunal Supremo en 1967, y fue el primer magistrado afroamericano del Tribunal. Se retiró en 1991. Ese mismo año, Clarence Thomas se convirtió en el segundo magistrado afroamericano.

En 1967, Thurgood Marshall se convirtió en el primer magistrado afroamericano del Tribunal Supremo.

Sandra Day O'Connor fue la primera mujer que sirvió en el Tribunal Supremo, en el que estuvo desde 1981 hasta 2006. En 1993, Ruth Bader Ginsburg se convirtió en la segunda mujer que llegó al Tribunal Supremo.

Como todos los jueces, ambas lucharon por lograr que todo el mundo recibiera un trato justo ante la ley.

Sandra Day O'Connor fue la primera mujer elegida para el Tribunal Supremo.

Glosario

acusado: en un tribunal, persona o compañía que ha sido inculpada de hacer algo malo

asamblea legislativa: parte del gobierno que se encarga de hacer las leyes

derechos civiles: derechos de libertad personal garantizados a todos los ciudadanos de un país

federal: nacional. El gobierno federal es el gobierno de Estados Unidos en su totalidad.

gobernador: jefe del gobierno de uno de los estados

juicios: procesos oficiales para decidir en un tribunal si alguien ha cometido un delito

jurado: pequeño grupo de personas que decide en un juicio si alguien ha incumplido la ley

magistrados: jueces de un alto tribunal, como los que forman el Tribunal Supremo de Estados Unidos

Senado: una de las dos partes que forman el Congreso. La otra es la Cámara de Representantes.

tribunales: lugares donde se toman decisiones sobre los casos legales

Más información

Libro

¿Qué es la Corte Suprema? Mi primera guía acerca del gobierno
(series). Nancy Harris (Heinemann, 2007)

Páginas web

En un tribunal
www.usdoj.gov/usao/eousa/kidspage
Aprendan cómo funciona un tribunal federal.

Página web para niños del tribunal superior del condado King
www.metrokc.gov/kcsc/kids/kids_index.htm
Conozcan el funcionamiento de los tribunales y cómo se envía a la
cárcel a las personas que incumplen la ley.

Índice

Información sobre la autora

La escritora y editora Jacqueline Laks Gorman creció en la ciudad de Nueva York. Ha trabajado en muchos tipos de libros y ha escrito varias colecciones para niños. Vive en DeKalb, Illinois, con su esposo David y sus hijos, Colin y Caitlin. Se registró para votar cuando cumplió dieciocho años y desde entonces participa en todas las elecciones.

Chinou